NOTE

SUR L'AVANT-PROJET

DU

CHEMIN DE FER

D'ORLÉANS

A LA LIGNE DE STRASBOURG.

SÉZANNE.
IMPRIMERIE ET LIBRAIRIE DE ALPHONSE LEMAITRE.
1863

NOTE

SUR L'AVANT-PROJET

DU

CHEMIN DE FER

D'ORLÉANS

A LA LIGNE DE STRASBOURG.

SÉZANNE,

IMPRIMERIE ET LIBRAIRIE DE ALPHONSE LEMAITRE.

1863

[illegible]

NOTE SUR L'AVANT-PROJET

DU

CHEMIN DE FER

D'ORLÉANS A LA LIGNE DE STRASBOURG.

EXPOSÉ.

Il est généralement admis que le Chemin de fer d'Orléans à la ligne de Paris à Strasbourg devait, à l'origine, relier Orléans à Epernay et compléter le chemin de grande ceinture autour de Paris. C'est en ce sens que les premières études furent faites, en 1853, par la Compagnie Saint-Simon.

Plus tard, en 1860 et 1861, les réclamations des villes de Troyes et de Provins amenèrent le Gouvernement à ordonner de nouvelles études, d'après un programme plus étendu. Néanmoins, dans l'esprit de l'administration supérieure, le but du projet restait le même : il s'agissait toujours de compléter le chemin de grande ceinture par une communication dirigée d'Orléans vers le Nord-Est, mais pouvant aboutir à Epernay, à Châlons ou à Vitry. Le motif de cette extension du programme, quant au point d'attache sur la ligne de Strasbourg, trouve son explication dans un fait nouveau, c'est-à-dire, dans la construction du Chemin de fer de Châlons au camp de Mourmelon et dans la pensée que ce chemin , prolongé jusqu'à Reims , pourrait, peut-être, comme l'embranchement d'Epernay à Reims , servir de complément au chemin venant d'Orléans.

Par cette explication la plus favorable aux adversaires du premier projet, nous allons franchement au-devant de la discussion. Acceptant pour nous-mêmes le terrain sur lequel ils se sont retranchés, nous reconnaissons que , dans cette nouvelle phase d'examen, deux projets sont en présence : l'un d'Orléans à Epernay, et l'autre d'Orléans à Châlons, ce dernier pouvant passer par Vitry. Cependant, comme chacun d'eux a déjà ou doit avoir son prolongement jusqu'à Reims, la question est ramenée dans les deux hypothèses à un chemin de fer d'Orléans à Reims.

Les enquêtes qui ont eu lieu , pendant les mois de décembre 1862 et janvier 1863, sur l'avant-projet du Chemin de fer d'Orléans à la ligne de Paris à Strasbourg, lequel sera, en réalité, un Chemin de fer d'Orléans à Reims, comprenaient trois tracés principaux, partant d'Orléans et ayant chacun un certain nombre de variantes. Le premier passe à Provins et aboutit à Epernay, le second passe à Nogent-sur-Seine et aboutit aussi à Epernay, le troisième passe à Troyes, et, de là, peut être dirigé sur Epernay, sur Châlons ou sur Vitry.

Malgré tous leurs efforts, les partisans des tracés soit par Troyes et Châlons, soit par Troyes et Vitry, n'ont pu dénier aux deux premières lignes dirigées sur Epernay, par Provins ou par Nogent, l'avantage capital qu'elles offrent de créer la voie de transit la plus rapide du Sud-Ouest au Nord-Est.

Mais, on a cherché à restreindre la portée de ce résultat, en disant que les lignes par Provins ou par Nogent n'amélioreraient pas les communications qui existent actuellement par Paris, entre Orléans et Reims. Entre autres griefs, on a reproché à ces tracés de négliger les relations d'Orléans avec l'Est et celles de Reims et de l'Est avec le centre et le midi, de faire trop d'emprunts aux lignes existantes, notamment à l'embranchement d'Epernay à Reims , où se trouve le souterrain de Rilly, et, surtout de ne pas remplir les conditions exigées du chemin de grande ceinture autour de Paris. En résumé, beaucoup d'imperfections seraient en regard d'un avantage contestable.

Dans leurs observations produites à l'enquête, les conseils municipaux de Reims, Epernay, Avize, Sézanne, Esternay, Provins, Nogent, Sens et Montargis ont réfuté par des raisons très-sérieuses quelques-unes de ces objections. Nous nous proposons, dans cette note, de développer de nouvelles considérations dans le même but, et, plus particulièrement, de répondre au *Rapport* imprimé de la Commission municipale de Châlons, en date du 29 décembre 1862. Nous présenterons ensuite quelques observations sur les résolutions adoptées par les Commissions d'enquête du Loiret, de l'Yonne, de l'Aube, de Seine-et-Marne et de la Marne.

§ Ier.

Relations entre Orléans et Reims.

Dans les deux éditions du *Rapport* de Châlons et dans une note intitulée : *Réponse aux arguments invoqués par la ville de Reims*, sont établis des calculs de longueurs comparatives, pour démontrer que Reims a méconnu ses véritables intérêts, en appuyant les tracés par Epernay.

	Ire Edition.	2e Edition.	Réponse.
Suivant ces calculs, la distance entre Orléans et Reims, par Nogent et Epernay, serait de.	292^k 44	290^k 40	290^k » »
Et la direction actuelle par Paris ne donnerait, entre les mêmes points, que.	281 » »	281 » »	290 » »
D'où résulterait, en faveur du passage par Paris, une différence de.	11 44	9 40	0 00

Ainsi, la ville de Reims n'aurait pas de motif pour défendre les projets par Epernay.

Si, comme la ville de Châlons, nous avions voulu scinder les projets, pour souder les unes aux autres des sections appartenant à différents tracés, il nous eût été facile de ramener à 254 kilom. 56 la longueur entre Orléans et Epernay, et à 285 kilomètres celle d'Orléans à Reims. Il suffisait, pour cela, de substituer, entre Montargis et Villenavotte, la variante par Ferrières au tracé par Sens, c'est-à-dire, d'attribuer à la ligne vers Nogent une section dépendant de la ligne vers Provins, ce qui aurait donné une économie de parcours de 5 kilomètres. Nous ne l'avons pas fait, parce que nous voulions éviter toute confusion de tracés, en restant dans les termes de l'avant-projet; mais puisque la discussion nous amène sur ce point, nous ne sommes pas fâchés de faire voir que les objections ne nous embarrassent pas et que l'avantage du plus court trajet restera toujours, quoi qu'on fasse, aux directions par Epernay.

Supposons qu'au lieu d'être ramené à 285 kilomètres, avec 5 kilomètres d'économie sur le parcours actuel par Paris, le tracé par Epernay conserve la même longueur que ce parcours, 290 kilomètres, le commerce aura encore intérêt à user de la voie nouvelle, pour éviter les retards et les dépenses qu'amène l'encombrement des gares de Paris.

Il ne suffisait pas de critiquer le choix fait par la ville de Reims, il fallait lui offrir une direction plus courte à la fois que celles par Paris et par Epernay. Mais on lui propose une ligne de 332 kilomètres qui dépasse la première de 42 et la seconde de 42 à 47 kilomètres en d'autres termes, on lui dit ceci : Rejetez le tracé par Epernay qui n'abrège pas ou qui n'abrège que de 5 kilomètres le trajet actuel, et prenez notre ligne qui l'allonge de 42 à 47 kilomètres.

Nous avons quelque peine à nous persuader que ce raisonnement soit de nature à impressionner favorablement le commerce de Reims et à le convertir à la ligne par Troyes et Châlons.

§ II.

Relations entre Orléans et l'Est.

Si les représentants de Châlons désirent un chemin d'Orléans à l'Est, ils avaient mieux à faire que de demander son passage par Châlons, c'était de se réunir au Loiret et à Vitry, pour le faire aboutir à cette dernière ville. Mais ce n'est pas vers l'Est que doit être dirigé le complément du chemin de grande ceinture, sa direction est indiquée vers Reims et le Nord-Est. C'est donc exiger plus que ne comporte sa destination que de vouloir qu'il fournisse le trajet le plus court, tout à la fois, d'Orléans à Reims et d'Orléans à Metz ; disons le mot propre, c'est vouloir l'impossible.

Une nouvelle ligne vers l'Est, dans l'état actuel de nos communications, serait inutile. Que le projet d'Orléans à la ligne de Strasbourg soit exécuté par Sens, et l'on pourra, d'Orléans, gagner Frouard, où prend naissance tout le réseau de l'Est, en suivant le nouveau chemin jusqu'à Paron, en empruntant, de Paron à Nuits-sous-Ravière, la ligne de Lyon et en prenant la voie actuellement en exécution de Nuits à Toul.

Le trajet, déjà suffisamment rapide, pourrait être encore abrégé. Un simple examen du plan général fait remarquer que, à la sortie de Courtenay, le tracé venant de Montargis et se dirigeant vers Sens, n'est situé qu'à une très-faible distance du Chemin de fer de Lyon. Que l'on imagine, entre Courtenay et Saint-Julien-du-Sault, un tronçon de chemin de fer de 16 à 17 kilomètres, reliant les deux lignes par la petite vallée dans laquelle est situé le village de Verlin, on reconnaîtra que cette communication, ayant pour but d'éviter le détour d'environ 56 kilomètres à faire par Paron pour revenir vers Joigny, procurerait une économie de longueur de 20 kilomètres. La réalisation d'un pareil projet n'a rien d'invraisemblable, attendu qu'elle ne présente pas de difficultés exceptionnelles. L'altitude est de 154 mètres à Courtenay, de 172 environ à 3 kilomètres plus loin, et de 73 mètres à Saint-Julien-du-Sault. Nous croyons qu'au moyen d'une tranchée de 8 à 10 mètres au sommet intermédiaire, on pourrait obtenir des pentes de 3 à 7 millimètres.

En supposant exécuté le Chemin de fer de Reims à Metz, en supposant encore, contre toute vraisemblance, que, dévié de sa direction naturelle par Suippes, il emprunte jusqu'à Dampierre le Chemin de fer du camp, et, en prenant Metz pour nœud du réseau de l'Est, tandis que ce nœud est à Frouard, la Commission de Châlons est arrivée à une économie de longueur de 35 à 33 kilomètres, entre Metz et Orléans, en faveur du tracé par Troyes et Châlons, comparé au tracé par Nogent et Epernay.

Nous reproduisons textuellement son calcul dans lequel Sainte-Ménehould, on ne sait pourquoi, est substitué à Metz pour terme de comparaison.

	Première Edition.		Seconde Edition.	
« De Sainte-Ménehould à Châlons. . .	51^k » »		51^k » »	
« De Châlons à Orléans	278 30		278 30	
		329^k 30		329^k 30
« De Sainte-Ménehould à *Reims* . . .	72 » »		72 » »	
« De *Reims* à Epernay.	32 » »		30 » »	
« D'Epernay à Orléans par Nogent. .	260 » »		260 40	
		364 » »		362 40
« Bénéfice en faveur du tracé par Châlons et Troyes		34 70		33 10

On s'est donné un facile avantage, d'un côté, en réduisant la distance de Sainte-Ménehould à Châlons, par Dampierre, au minimum impossible de

51 kilomètres, et, d'un autre côté, en supposant, idée neuve mais inadmissible, que, pour aller de Sainte-Ménehould à Epernay, il fallait passer par Reims..... Nos contradicteurs nous ont frayé, de Sainte-Ménehould à Châlons, une voie trop facile pour que nous négligions de la prendre à leur suite. Passons donc par Châlons, comme on l'a toujours fait jusqu'ici, la comparaison sera ramenée aux termes suivants :

De Sainte-Ménehould à Orléans par Châlons et Troyes, comme ci-dessus . . . . 329^{k}30

De Sainte-Ménehould à Châlons (chiffre qui nous est donné). . . . . 51^k» »

De Châlons à Epernay. . . . . 31 » »

D'Epernay à Orléans, par Nogent. 260 40
___________ 542 40

Différence 13 10

C'est **22** kilomètres de moins que le chemin circulaire qui nous était indiqué, par inadvertance assurément, et la différence en faveur du tracé par Châlons n'est que de 13 kilomètres, au lieu de 55 ou de 33.

Comme la tête du réseau de l'Est existe à Frouard et non à Metz, ce sont les distances entre Orléans et Frouard qu'il eût fallu comparer d'après les deux tracés mis en regard. Nous avons trouvé 450 kilomètres suivant le projet par Châlons, et 449 en prenant le tracé par Sens, depuis Orléans jusqu'à Paron, et en empruntant les lignes de Lyon et de Nuits-sous-Ravière à Toul : différence 1 kilomètre au profit des lignes actuelles.

La distance serait réduite à 419 kilomètres par la communication éventuelle entre Courtenay et Saint-Julien-du-Sault, et serait plus courte de 31 kilomètres que par Troyes et Châlons.

Ainsi, soit qu'on aille jusqu'à Paron pour prendre le Chemin de Lyon, soit qu'on l'atteigne plus vite à Saint-Julien-du-Sault, la ligne par Montargis et Sens complète une voie de transport plus directe, entre Orléans et l'Est, que ne le serait celle qu'on lui oppose; et, prolongée sur Epernay, elle conduit vers Reims et le Nord-Est, avec une économie de parcours que ne pourra jamais lui disputer le tracé par Troyes et Châlons.

§ III.

Relations de Reims avec le Centre et le Midi.

Il nous paraît inutile de faire de nouveaux calculs pour établir que les relations de Reims et le Nord-Est avec les villes de Bourges ou de Nevers, considérées comme centre de la France, sont plus courtes par Epernay que par Paris ou par Châlons. Cela résulte implicitement du § 1er. Disons, de suite, que les distances sont, savoir :

De Reims à Bourges , par Paris . . . . . . 401 kilom.
— par Châlons. 443
— par Epernay 401
De Reims à Nevers, par Paris. 421
— par Châlons 398
— par Epernay 356

Déjà justice est faite, au moyen de ces chiffres, du grief relatif aux relations de Reims avec le Centre.

On dit que pour gagner Lyon et les ports de la Méditerranée, Reims verra son parcours actuel augmenté de 13 kilomètres par le tracé de Nogent , et de 17 kilomètres par le tracé de Provins.

Cela est vrai, mais de si faibles différences, sur un trajet de plus de

550 kilomètres , sont peu importantes et seraient compensées par l'avantage d'éviter les nombreux changements de ligne qui ont lieu aujourd'hui par Epernay, Blesme, Chaumont, Gray, Auxonne et Dijon.

D'ailleurs, ici se présente encore l'impossibilité pour la Commission de Châlons d'offrir une voie plus rapide.

Il ne suffit pas de dire à Reims :

Le parcours actuel sur Lyon est de. . . . . 551 kilom.

Par Epernay il sera de 564

Il faudrait pouvoir ajouter :

Le tracé par Châlons et Troyes sera inférieur à 551

Comment dire cela , lorsque ce tracé donne un développement de . . . . 594 kilom.?

On fait remarquer, à la vérité, que, par l'embranchement de Reims au Camp et à Châlons, le trajet se réduit à. . . 542

Mais cette diminution de 9 kilomètres a déjà été attribuée au tracé par Châlons et Troyes qui , sans cela , aurait donné 603 kilomètres au lieu de 594 ; elle est acquise aux lignes actuelles, quel que soit le choix de la direction entre Reims et Orléans.

Il nous paraît difficile que « le Commerce de Reims , si intelligent de ses véritables intérêts, » puisse, devant la combinaison adoptée par Châlons et Troyes, « s'unir à Châlons pour en réclamer le *bénéfice,* » à moins , toutefois, qu'on ne parvienne à lui prouver que 594 est moindre que 564, 551 ou 542.

§ IV.

Relations de Metz avec le Centre et le Midi.

On reproche encore au tracé par Nogent et Epernay d'allonger de 35 kilomètres les communications de l'Est avec le Centre et le Midi.

N'est-ce pas une exigence excessive que de demander à un chemin de fer qu'il soit de forme circulaire et qu'il relie directement Orléans à Reims, Orléans à Metz, Reims à Bourges, Reims à Lyon, Metz à Bourges et Metz à Lyon ? Pour réaliser un programme si complexe, il ne faudrait pas moins de cinq à six chemins rectilignes et un chemin de ceinture, formant ensemble un réseau complet enchevêtré dans les lignes actuelles, ou bien, il faudrait que le chemin unique, avec des buts si divers, eût toute la mobilité des flèches que l'on pose au-dessus de la rose des vents. La Commission de Châlons ne voulait qu'un *chemin à triple effet ;* la discussion l'a entraînée au-delà même d'un chemin à sextuple effet. Cela dépasse le but utile et défini de la voie en projet.

Examinons, néanmoins, la question relative aux communications de Metz avec le Centre et le Midi.

Calcul fait du trajet entre Sainte-Ménehould et Sens, la longueur est, d'après le *Rapport :*

	Ire Edition	2e Edition
Par Châlons et Troyes de	203^k » »	203^k » »
Par Reims, Epernay et Nogent, de.	238 » »	236 » »
Différence en faveur du tracé par Châlons	35 » »	33 » »

Rectifions déjà ces chiffres comme nous l'avons fait (§ 2), en substituant, pour les distances 238 et 236, le trajet direct par Châlons au trajet de fantaisie que l'on persiste à nous indiquer par Reims, pour aller de Sainte-Ménehould à Epernay, nous gagnerons 22 kilomètres à cette substitution, et la prétendue différence de 35 à 33 kilomètres se trouvera réduite à 13 kilomètres.

On doit se demander, assurément, quel rapport il peut exister entre la distance de Sainte-Ménehould à Sens et les distances de Metz au Centre et au Midi. La Commission de Châlons explique l'analogie de la manière suivante :

« N'oublions pas, dit-elle, que, *pour nous*, Sainte-Ménehould veut dire « Verdun , Metz, Francfort et une partie de l'Allemagne. »

Malgré cette explication, notre esprit rebelle se refuse à comprendre que Sainte-Ménehould et Sens soient deux points de passage obligé pour aller de Metz et de Francfort à Bourges et à Marseille. Nous croyons qu'il y aurait de la puérilité à rechercher plus longtemps, à propos d'un Chemin de fer d'Orléans à Reims, quelle est la direction la plus courte, soit de Metz et Francfort à Bourges, soit de Metz et Francfort à Marseille.

<h2 style="text-align:center">§ V.</h2>

<h3 style="text-align:center">Emprunts faits aux lignes existantes.</h3>

En comparant entre eux les principaux tracés, sous le rapport des emprunts qu'ils font aux lignes existantes, on trouve :

Pour la direction par Ferrières, Provins et Epernay . . . . . . $30^k 13$

    —   par Sens, Nogent et Epernay 21 37

    —   par Sens, Troyes et Châlons. 7 60

Les différences en faveur de la ligne par Châlons ont servi de texte aux partisans de cette dernière ligne, pour faire ressortir l'infériorité des autres tracés. De ces accouplements, a-t-on dit, « naîtront infailliblement complications, désordres, retards, conflits et désastres. » On a, en outre, insisté jusqu'à satiété sur l'inconvénient inhérent aux tracés par Epernay d'exiger l'emploi, entre cette ville et Reims, du *malencontreux souterrain de Rilly*.

Mais on a oublié de tenir compte des emprunts à faire, au-delà de la ligne de Strasbourg, pour arriver jusqu'à Reims. Si nous comblons cette lacune, nous serons peut-être conduits à des résultats tout autres que ceux dont on se prévaut avec tant d'énergie.

Reprenons les chiffres ci-dessus, en y ajoutant leurs compléments respectifs :

Direction par Provins et Epernay. . . . . $30^k 13$

Embranchement d'Epernay à Reims . . . . 30 »»

                                            $60^k 13$

Direction par Nogent et Epernay. 21 37

Embranchement d'Epernay à Reims . . . . 30 »»

                                              51 37

Direction par Troyes et Châlons 7 60

Embranchement de Châlons à Mourmelon 24 25

De Mourmelon à Reims, *projet direct* 29 42

(Il y aurait beaucoup plus, si le projet était rétrograde.)   61 27

On voit que les emprunts afférents à la ligne par Troyes et Châlons dépassent de 1 kilomètre ceux du tracé par Provins et de 10 kilomètres ceux du tracé par Nogent, c'est donc la direction par Châlons qui causera le plus de *complications*, de *désordres*, de *retards*, de *conflits* et de *désastres*. Si tant de catastrophes paraissent *infaillibles* sur les tronçons communs à deux lignes, qu'arriverait-il entre Dampierre et Reims, où le chemin *à triple effet* servirait de voie militaire et de voie commerciale de Reims à Metz et de Reims à Orléans?

C'est, à ce qu'il paraît, la forte pente du souterrain de Rilly qui motive la vive répulsion dont l'embranchement d'Epernay à Reims est l'objet. A la vérité, cette pente eût pu être très-légèrement diminuée par un énorme accroissement de longueur. Mais les défenseurs du tracé par Troyes et Châlons passent légèrement sur un excès de parcours....., quand il résulte de la direction de leur choix. Aussi, nous garderons-nous de chercher à diminuer l'admiration qu'ils éprouvent pour les nombreux méandres et les aspects variés que présente, en pays de plaine, le Chemin de fer de Châlons au Camp.

Cependant, nous ne pouvons nous dispenser de faire remarquer que la voie militaire de Châlons à Mourmelon, construite à la hâte pour les besoins du Camp, paraît impropre à devenir un chemin de grand transit commercial. Nous croyons, notamment, que la sécurité est encore moins grande sur le vacillant pont en bois de la vallée de la Marne que dans le *malencontreux souterrain de Rilly*.

Constatons, ici, que la Commission de Châlons paraît revenir de la prévention que lui inspirait ce souterrain. En effet, à la page 20 de la seconde édition de son *Rapport*, elle a bien voulu retirer l'expression un peu persistante qu'elle avait d'abord employée pour le qualifier.

§. VI.

Chemin de grande ceinture autour de Paris.

La principale objection faite contre les tracés par Provins et par Nogent est tirée de la distance trop faible à laquelle ces tracés seraient situés par rapport à Paris, considéré comme centre de la courbe théorique, cette distance, dit-on, ne pouvant être inférieure à 120, ni supérieure à 160 kilomètres.

Si les rayons de 120 et 160 kilomètres sont des limites inférieure et supérieure, pourquoi les auteurs de l'objection passent-ils par Sens qui n'est qu'à 113 kilomètres de Paris, et par Troyes et Châlons situés à 167 et

173 kilomètres, avec une différence de 60 kilomètres entre le plus grand et le plus petit rayon? Est-ce donc une courbe bien satisfaisante que celle qui, composée de trois lignes menées de Montargis à Sens, de Sens à Troyes et de Troyes à Châlons, forme à Sens un *angle saillant* de 158 degrés et à Troyes un *angle rentrant* de 115 degrés?

Ces brusques déviations sont quelquefois commandées par les difficultés du terrain ou par des raccordements à effectuer avec les lignes existantes. Mais, ici, rien ne peut justifier la réunion bizarre et inconciliable de sections de lignes appartenant à différents projets.

Lorsqu'on préconise un tracé aussi défectueux, comment peut-on reprocher sa prétendue irrégularité, comme chemin de grande ceinture, au projet par Nogent qui s'écarte si peu de la courbe idéale considérée comme type régulateur? Si le rayon minimun 111, pris à Nogent, est plus faible qu'à Sens de 2 kilomètres seulement, il est reporté immédiatement à 119 à Pont-sur-Seine, et le maximum 142, pris à Epernay, est presque égal au rayon moyen théorique de 140 kilomètres; enfin, la différence entre le maximum et le minimum n'est que de 31 kilomètres.

La ligne par Provins, même, quoique plus irrégulière que celle de Nogent, l'est bien moins que la ligne par Sens, Troyes et Châlons. Entre son rayon minimum 95 pris à Provins, et le rayon maximum 142 pris à Epernay, il n'y a que 47 kilomètres de différence au lieu de 60. Au surplus, si le tracé par Provins n'est pas celui qui se prête le mieux à la forme du chemin de ceinture, il rachète amplement ce léger défaut par le précieux avantage de relier le Sud-Ouest au Nord-Est par une voie rapide, et par cette autre considération qu'il abrège notablement le trajet vers Paris pour toutes les localités situées entre Fère-Champenoise et Provins.

Nous voulons établir avec une rigueur mathématique la supériorité, comme chemin de ceinture, du tracé de Nogent sur toutes les autres lignes.

D'après M. Lefort, le chemin *théorique* autour de Paris serait déterminé par la circonférence d'un cercle ayant Paris pour centre et la distance de Paris à Reims pour rayon. Toutefois, cet ingénieur ajoute que la courbe idéale peut être modifiée dans beaucoup de circonstances. C'est ce qui doit avoir lieu nécessairement pour le chemin de fer dont nous nous occupons.

En effet, Orléans est un point de départ obligé donné par le Gouvernement; comme il est d'environ 50 kilomètres plus près de Paris que Reims, toute circonférence passant par cette dernière ville tomberait à 50 kilomètres au sud d'Orléans ; d'un autre côté, toute circonférence passant par Orléans couperait le chemin de fer de Soissons à 50 kilomètres à l'ouest de Reims. Ainsi, le tracé théorique de M. Lefort est d'une application impossible et doit être remplacé par une autre courbe.

Si Orléans est un lieu de départ obligé, Reims est à la fois un point théorique et le lieu d'arrivée presque universellement admis par les localités intéressées, malgré leurs divergences de vues quant aux directions à suivre entre Orléans et Reims. Voilà les deux extrémités de la ligne bien définies: Orléans, tête des lignes venant de l'Océan et du Centre; Reims, tête des lignes dirigées vers la Belgique et l'Allemagne.

Après Orléans et Reims, comme points extrêmes, Sens est le point intermédiaire le plus généralement admis comme jonction avec la ligne de la Méditerranée. Il est demandé par Orléans, Montargis, Sens, Nogent, Sézanne, Epernay, Reims, Troyes, Arcis, Châlons, Vitry et autres villes; et il n'est repoussé peut-être que par Gien et Auxerre, minorité imperceptible dans l'ensemble des localités qui demandent le Chemin de fer.

Etant admis et posés les trois points dont il s'agit, Orléans, Sens et Reims, la courbe normale du chemin de ceinture qui doit relier ces trois villes se trouve déterminée d'une manière rigoureuse : (*voir la carte ci-jointe.*) C'est un arc de cercle qui touche le sud de Bellegarde, le Nord de Montargis, le

3.

centre de Sens, qui passe à l'est de Nogent et de Sézanne, à l'ouest de Fère-Champenoise, de Vertus et d'Avize, et qui coupe le Chemin de fer de Paris à Strasbourg juste à Chouilly, point où viennent aboutir les tracés dirigés sur Epernay. En d'autres termes, le galbe de la courbe qui relie Orléans à Reims par Sens est assez exactement une ligne moyenne à côté de laquelle se trouve constamment maintenu à une faible distance, tantôt à droite, tantôt à gauche, le tracé par Nogent. Il nous semble, dès-lors, que pour tout esprit non-prévenu, c'est ce tracé qui est le plus rationnel, le seul rationnel, pourrions-nous dire, comme chemin de grande ceinture.

Maintenant, que l'on mène une ligne droite entre Orléans et Reims, on remarquera que toute la partie du projet de Provins qui reste indépendante du projet par Nogent, se trouve comprise dans le segment formé par la corde et son arc. La direction par Provins peut, par conséquent, être considérée comme moyenne entre la théorie d'un chemin de fer direct et celle d'un chemin de fer circulaire.

Quant au projet par Troyes qui se trouve rejeté à 38 ou 40 kilomètres vers l'est de la courbe fictive, on voit que c'est le plus défectueux de tous les tracés présentés. Aussi, nous semble-t-il étrange que, pour justifier une pareille direction, on ait posé ce principe : que les localités touchées par le chemin de ceinture ne devaient être considérées que comme des *résultantes* et non comme des *causes premières*. Nous n'aurions jamais pensé que le contact d'une ligne pût s'étendre latéralement jusqu'à 40 kilomètres de distance.

Lorsque l'on examine avec quelque attention une carte des Chemins de fer, on est frappé de la régularité avec laquelle se trouvent déjà ou devront se trouver bientôt reliées entre elles, à 270 kilomètres de Paris, en moyenne, toutes les grandes lignes qui, de ce centre, rayonnent vers les frontières du Midi et de l'Est. Ainsi, entre Tours et Metz, on trouve le chemin concédé de Tours à Vierzon ; la section exploitée entre Vierzon et Nevers ; le chemin à l'étude entre Nevers et Aisy ou Nuits-sous-Ravière, par Clamecy ; les trois sections en exécution depuis Nuits-sous-Ravière jusqu'à Pagny ou à Toul; enfin , la section en exploitation de Nancy à Metz.

C'est, à proprement parler, un arc de cercle d'environ 130 degrés , formant, du Midi au Nord-Est , la portion d'une troisième ligne de ceinture autour de Paris. Et, circonstance remarquable autant que favorable à la circulation, le projet par Nogent, constamment maintenu à proximité de la courbe que nous avons tracée , comme type du chemin d'Orléans à Reims , se trouve presque partout situé assez exactement à la demi-distance comprise entre Paris et cette troisième ceinture partielle.

Quelques chiffres vont rendre sensible la disposition indiquée; ils expriment, pour chaque ligne, les longueurs développées comprises entre Paris et les points où ces lignes se trouvent coupées par les deux chemins de ceinture :

Ligne de Bordeaux.

De Paris à Tours . . . . 234 kilom.

Dont moitié. 117

De Paris à Orléans . . . . 121 kilom.

Ligne de Bourges.

De Paris à Bourges 232

Dont moitié. 116

De Paris à Orléans 121

Ligne du Bourbonnais.

De Paris à Nevers. 254

Dont moitié. 127

De Paris à Montargis 118

Ligne de Lyon.

De Paris à Nuits-sous-Ravière.   225

            Dont moitié. 112 1/2

De Paris à Sens.   113

Ligne de Bâle.

De Paris à Chaumont.   262

            Dont moitié.   131

De Paris à Pont-sur-Seine.   119

Ligne de Strasbourg.

De Paris à Pagny.   308

            Dont moitié   154

De Paris à Chouilly   146

Ces chiffres prouvent que le tracé circulaire par Nogent et Pont se ratta-cherait de la manière la plus heureuse au système de communication qui existe dans toute la région comprise entre les lignes de Paris à Bordeaux et de Paris à Strasbourg.

Il est aisé de voir que le tracé par Troyes et Châlons ne donnerait pas les mêmes résultats.

La ligne par Sens, Troyes et Vitry, est une voie vers l'Est et ne peut guère être considérée comme chemin circulaire.

Enfin, si la direction par Gien et Briare affecte la forme d'un chemin de ceinture, elle offre le double inconvénient d'être trop loin de Paris et trop près du troisième chemin circulaire passant par Clamecy, Nuits, Chaumont et Toul ou par Nuits, Chaumont et Blesme.

C'est donc le tracé par Nogent qui, malgré les reproches qu'on lui a prodigués, se trouve dans les conditions les plus favorables pour compléter le chemin autour de Paris.

Si nous avons donné tant d'étendue à la question de régularité de ceinture, c'est uniquement parce que les intéressés au projet par Troyes et Châlons en avaient fait le pivot de leurs attaques les plus nombreuses et les plus vives. Il ne fallait pas leur laisser même l'apparence d'un triomphe éphémère à cet égard. Mais, lors des enquêtes, nous n'avons pas hésité à déclarer que ce point n'avait, à nos yeux, qu'une importance secondaire. Il est évident que, pour relier les rayons entre eux, l'industrie des transports préférera toujours les cordes aux arcs, les courts trajets aux développements circulaires. Aussi défendons-nous les tracés par Provins et par Nogent, non pas à cause de leur forme symétrique, mais parce qu'ils sont les plus directs.

§ VII.

Autres griefs contre les tracés vers Epernay.

On prétend que les projets par Provins et par Nogent ne favoriseraient pas l'exportation des produits agricoles et industriels des contrées qu'ils doivent traverser. Pour Provins et Nogent, c'est Paris, dit-on, qui est le grand marché vers lequel sont dirigés ces produits. Or, le Chemin de fer de Paris à Bâle et la Seine sont les deux voies naturellement ouvertes pour leur écoulement, car « *les rivières ne remontent pas leur cours.* »

Ici, le sens figuré n'est peut-être pas d'une exactitude irréprochable : un chemin de fer établi en travers d'une voie navigable détermine un mouvement de circulation perpendiculaire ou oblique, mais il ne fait pas remonter le courant naturel.

Quoiqu'il en soit, c'est oublier que la ville de Troyes a cela de commun avec Provins et Nogent, qu'elle est située précisément sur le même fleuve et le même chemin de fer, et qu'elle est, en outre, dotée de l'embranchement de Bar-sur-Seine, qui, bientôt, prolongé jusqu'à Châtillon, lui ouvrira, par Nuits-sous-Ravière, des communications nouvelles avec le Midi; c'est oublier également que la ville de Châlons possède aussi, pour gagner Paris et tout le faisceau de l'Est, le Chemin de fer de Strasbourg, le canal latéral à la Marne mis en communication avec celui de la Marne au Rhin, et la rivière de la Marne qui, pas plus que la Seine, ne paraît remonter vers sa source. L'objection peut donc à bon droit être retournée contre Troyes et Châlons.

Le *Rapport* garde le silence, à cet égard, sur les cantons d'Esternay, Sézanne et Fère-Champenoise, contre lesquels, à la vérité, il était impossible d'alléguer la possession d'aucun chemin de fer, d'aucun canal et d'aucune rivière. Prenons acte de ce silence comme d'un aveu implicite de l'utilité d'un chemin de fer pour les contrées dont il s'agit.

On a prétendu que le canton de Vertus ne faisait pas le commerce de Vins de Champagne, et cela s'est dit à Châlons, chef-lieu d'un arrondissement qui ne possède pas d'autre vignoble que Vertus! S'il n'avait pas ce beau canton, que resterait-il donc à l'arrondissement de Châlons pour compenser la dépopulation et l'aridité de ses plaines crayeuses?

Pour les vins d'Avize, il est dit, page 12, que la section d'Avize à Epernay ne sera utilisée que pour les transports vers Paris, mais que les vins en destination de Châlons et de l'Est seront conduits, comme par le passé, à la station d'Oiry, avec 11 kilomètres d'économie de parcours. Nous ne refuterons pas cette assertion, la Commission ayant pris soin de le faire en se réfutant elle-même à la page 13, où il est dit « que le tracé par Avize se ratta- » chant à Chouilly, c'est-à-dire à Epernay, *occasionne un préjudice notable*

» *aux négociants comme aux propriétaires de Châlons* » à cause de l'allongement de 11 kilomètres.

Le *Rapport* de Châlons a recours quelquefois à d'habiles combinaisons
de chiffres, ainsi que nous l'avons déjà vu en plusieurs occasions.

Pour établir que les tracés par Provins et par Nogent sont maintenus
trop près de Paris, il dit : Provins n'est qu'à 22 lieues, 87 kilomètres. (Il y
en a 95 par le chemin de fer.) « Autant pouvons-nous en dire pour Nogent
» qui n'est non plus qu'à 26 lieues, 105 kilomètres, 111 par chemin de fer. »
Ici, tout naturellement, les anciennes longueurs postales, substituées aux
longueurs par chemin de fer, conduisent à l'exclusion des tracés de **Provins** et
de **Nogent**.

Mais la discussion a ses exigences variées. Il faut prouver, maintenant,
que le tracé par Vitry est *trop loin* de Paris. Par un procédé contraire, on
substitue les distances développées par le chemin de fer aux distances postales, en disant : « Vitry se trouve éloigné de Paris de 50 lieues, 205 kilomètres. » Cependant, la longueur, par la route impériale n° 54, n'est que de
45 lieues, 181 kilomètres. — N'importe, le nombre 205 exclut fatalement, à
son tour, le tracé par Vitry : — les chiffres, nous a-t-on dit, ont leur *élo-
quence* et leur *logique inflexible*.

Nous croyons avoir réfuté les principales objections faites aux tracés qui
prennent à Epernay leur point d'attache sur la ligne de Paris à Strasbourg.

Nous aurions pu porter la discussion sur l'intérêt stratégique, et prouver
qu'un chemin de fer situé en plaine, comme le tracé par Troyes et Châlons,
serait, plus que tout autre, exposé aux coups de l'ennemi ; et, au contraire,
que les tracés par Provins ou par Nogent, tenus tantôt sur les hauteurs de la
Brie, tantôt à flanc de coteau, constitueraient une solide base de défense
pour l'armée française. Nous préférons laisser à des voix plus autorisées que
la nôtre le soin de mettre ces résultats en évidence.

§ VIII.

Examen des tracés demandés par les Commissions d'enquête.

Par suite des enquêtes ouvertes sur l'avant-projet, les Commissions instituées aux chefs-lieux des départements intéressés, ont recommandé les cinq tracés ci-après :

	LONGUEURS		DÉPENSE
	Jusqu'à la Ligne de Strasbourg.	Jusqu'à Reims.	
	KILOMÈTRES.	KILOMÈTRES.	MILLIONS.
Vœu du Loiret.—D'Orléans à Vitry, par Montargis, Sens et Troyes.	256	342	54
Vœu de l'Yonne. — D'Orléans à un point indéterminé, entre Epernay et Vitry, par Gien, Briare, Toucy, *Joigny ou Auxerre*, Troyes	291—342	367—377	58—68
Vœu de l'Aube. — D'Orléans à Châlons, par Montargis, Sens et Troyes. . . . . . (Subsidiairement, direction par Romilly, Sézanne et Epernay, entre Troyes et Reims.)	278	332	57
Vœu de Seine-et-Marne. — D'Orléans à Epernay, par Montargis, Chéroy, Provins et Sézanne . . . . (Provisoirement, emprunt des lignes actuelles depuis Montargis jusqu'à Provins, et exécution des sections d'Orléans à Montargis et de Provins à Epernay.)	258	288	52
Vœu de la Marne. — D'Orléans à Epernay, par Montargis, Sens, *Provins ou Nogent*, Sézanne.	258—260	288—290	52—54

A. — TRACÉ PAR SENS TROYES ET VITRY.

Considérée comme chemin vers Reims et le Nord-Est, la ligne par Montargis, Sens, Troyes et Vitry, demandée par la Commission d'enquête du Loiret, ne supporte pas l'examen. Elle est aussi dispendieuse que le plus cher des tracés sur Epernay, et augmente de 52 à 54 kilomètres le trajet entre Orléans et Reims.

Elle serait rationnelle sous le rapport des communications entre Orléans et l'Est. Mais, comme nous l'avons dit au § 2, la communication vers Frouard, Metz et Strasbourg, existe déjà en grande partie au moyen de la ligne de Lyon et du chemin de Nuits-sous-Ravière à Toul, et elle sera complétée, dans l'hypothèse des tracés par Sens, au moyen de la section d'Orléans à Paron; de sorte qu'un chemin de fer passant par Troyes et aboutissant à Vitry ferait double emploi avec ces lignes.

Il serait difficile, d'ailleurs, de voir dans cette direction le complément du chemin de grande ceinture autour de Paris.

Enfin, si cette ligne était adoptée, la nécessité de relier le réseau des Ardennes à celui d'Orléans subsisterait toujours; il faudrait donc construire simultanément ou successivement deux chemins de fer, l'un vers Vitry et l'Est, et l'autre vers Reims et le Nord-Est. Encore, dans ce dernier cas, est-ce l'ordre de priorité contraire qui devrait être établi, la direction sur Strasbourg étant d'utilité contestable, tandis que la direction sur Reims est nécessaire et urgente, soit pour les échanges entre les points extrêmes, soit pour le transport des produits intermédiaires.

B. — TRACÉ PAR GIEN, BRIARE ET TROYES.

La Commission d'enquête de l'Yonne a demandé le tracé par Gien,

Briare et Troyes, sans s'expliquer à l'égard du point d'attache à prendre sur la ligne de Strasbourg.

Ce vœu indécis nous paraît conduire aux conclusions suivantes :

La Commission désire que le département soit traversé dans le sens où son territoire présente le plus d'étendue ; mais, le parcours démesurément long que développe le tracé devant rendre impossible toute espèce de relations entre les points extrêmes, elle ne voit pas de motif pour que le chemin de fer soit prolongé dans telle direction plutôt que dans telle autre.

Effectivement, la distance de 367 à 377 kilomètres qui existe, suivant ce tracé entre Orléans et Reims, dépasse de 77 à 87 kilomètres le parcours actuel par Paris, qui est de 290 kilomètres. Est-ce que jamais un voyageur ou un colis suivrait ce lent et dispendieux trajet? — Dans cette direction, le chemin de fer, privé de tout transit extérieur, ne pourrait être alimenté que par les transports de rayon à rayon et par les produits des contrées qu'il traverse. Il ne serait donc pas d'intérêt général.

Le tracé par Gien et Briare ne se comprendrait que s'il s'agissait de relier Orléans à Nuits-sous-Ravière par Auxerre, pour gagner Chaumont et Toul. Ce serait alors un tout autre chemin que celui dont le Gouvernement a ordonné l'étude. Mais, si l'on veut aller à Reims qui se trouve au *Nord*-Est d'Orléans, une direction rétrograde vers le *Sud*-Est devient incompréhensible.

Nous savons que la *Compagnie d'Orléans* donne son appui au projet en question. Les motifs de cette préférence sont faciles à expliquer. En dirigeant le tracé par Gien, elle rattache à son réseau la partie sud du chemin du Bourbonnais et augmente ainsi ses transports entre Orléans et Paris. De plus, à cause de l'allongement excessif du parcours, elle oblige le commerce à conserver le passage par Paris pour les échanges entre Orléans et Reims, c'est-à-dire, à lui emprunter, d'Orléans à Paris, une voie de 121 kilomètres, tandis que, d'Orléans à Montargis, elle ne ferait les transports que sur 70 kilomètres.

Serait-il juste, pour favoriser l'intérêt particulier d'une Compagnie, de compromettre les résultats économiques d'une grande voie de circulation , en déviant de sa direction naturelle la section éventuellement concédée à cette Compagnie, et, par suite, tout l'ensemble du tracé? Cette question a été traitée avec une grande autorité dans un mémoire de la Commission municipale de Montargis, aux conclusions du quel nous ne pouvons que nous référer pour le choix du passage par Montargis.

Ajoutons que le projet par Gien et Briare coûte très-cher; il s'élève de 58 à 68 millions.

Cependant, si, contre toute vraisemblance, il doit être adopté par le Gouvernement, nous demanderons que le tracé au-delà de Troyes soit dirigé, comme l'a proposé M. l'Ingénieur en chef Lefort, « *sur les confins de la Brie champenoise; c'est là que se trouvent les populations et les produits.* » Il aurait du moins pour conséquence de vivifier des contrées importantes et de nombreux centres industriels et agricoles, tels que Romilly, Sézanne, Fère-Champenoise, Vertus, Avize et Epernay.

Suivant cette direction, la distance entre Troyes et Reims serait
de . . . . 146^k78 [1]

Par Châlons et Mourmelon, elle est, savoir :

De Troyes à Châlons. . . . . 88^k » »
De Châlons à Mourmelon 24 25
De Mourmelon à Reims (*projet officiel*). 29 42
————— 141 67

Différence. 5 11

Le *Rapport* de la ville de Châlons a porté cette différence à **7 k. 78**, parce que les bases du calcul étaient erronées.

(1). D'après l'avant-projet, cette distance ne serait que de 135 kilom. 78. Mais il y a, dans la longueur entre Troyes et Romilly, une erreur en moins de 11 kilomètres, dont nous ne devons pas profiter.

La direction par Romilly et Sézanne augmente donc de 5 kilom. 11 le parcours entre Troyes et Reims. Mais, on trouve dans la régularité de son profil en long qui, presque partout, est horizontal, un élément de vitesse qui lui donne une supériorité marquée sur le tracé par Châlons. Cela se comprend lorsque l'on considère que, depuis Troyes jusqu'à Châlons, ce dernier tracé, mené perpendiculairement à toutes les vallées et à tous les faîtes qu'il rencontre, sauf la Coole, est constamment affecté de fortes pentes comprises entre 7 et 9 millimètres.

L'inconvénient le plus grave que présente la ligne vers Arcis et Châlons, c'est de traverser, sur plus de 55 lieues de longueur comprises entre Troyes et Reims, des campagnes nues et désertes qui ne prendraient et ne donneraient aucuns produits au chemin de fer.

Bien qu'elle ait cru le trajet entre Troyes et Reims plus long de 14 kilomètres par Epernay que par Châlons, la Commission d'enquête de l'Aube a déclaré ne pas repousser d'une manière absolue la direction par Romilly, Sézanne et Epernay ; elle l'eût préférée, peut-être, si elle avait su que cette différence n'était que de 5 kilomètres, et si la comparaison des pentes avait appelé son attention. De son côté, la Commission de l'Yonne ne s'est pas opposée à son adoption. Quoique nos sympathies ne soient pas acquises à cette ligne, nous ne la rejetterons pas nous-mêmes absolument, si, en sortant de Troyes, elle est dirigée vers Epernay par Romilly et Sézanne.

C. — TRACÉ PAR SENS, TROYES ET CHALONS.

Ce tracé demandé par la Commission d'enquête de l'Aube et par le Conseil municipal de Châlons, constitue un système mixte, une création hybride, qui a la prétention étrange d'appartenir, tout à la fois, à la direction vers l'Est, à la direction vers le Nord-Est et à la ligne de ceinture autour de Paris.

Considéré comme chemin vers l'Est, il est infiniment au-dessous de la direction par Troyes et Vitry, car il augmente le parcours de 52 kilomètres et la dépense de 3 millions.

Comme chemin vers le Nord-Est et comparé aux tracés par Epernay, son infériorité est manifeste : il coûte de 3 à 5 millions de plus que ceux-ci et les surpasse en longueur de 42 à 44 kilomètres.

Comme chemin de ceinture, il se rapproche de Paris en allant d'Orléans à Sens, il s'en éloigne vers Troyes où un brusque retour le porte vers Châlons, point à partir duquel il emprunte pour arriver à Reims le sinueux chemin du Camp. Comment a-t-on pu dire que ce tracé difforme se recommandait à la simple vue par *sa simplicité et sa configuration ?*

Entre Sens et Troyes, il traverse des terrains presque improductifs. De Troyes à Reims, il suit dans sa plus grande longueur la Champagne pouilleuse, où l'on parcourt des distances de 15 à 20 kilomètres sans voir une habitation, sans rencontrer un voyageur. On a reproduit certain dialogue qui aurait eu lieu, en 1861, entre les Commissaires du jury de visite des fermes impériales. « — Où donc est la Champagne pouilleuse?» — disaient les uns, — « Mais, vous y êtes! » — répondaient les autres en souriant. — On a donné une interprétation beaucoup trop favorable à ce sourire qui n'était adressé aux nouveaux venus que pour égayer la monotonie du voyage qu'ils avaient à faire dans ces vastes solitudes. Quand il serait vrai que la Champagne pouilleuse se fût effacée, jusqu'à un certain point, dans les terrains du Camp, où le sol profite des engrais laissés par une cavalerie nombreuse, ce fait exceptionnel confirmerait la règle au lieu de l'infirmer. Nous sommes loin pourtant de contester les progrès accomplis par l'agriculture dans ces contrées; comme des progrès semblables ont eu lieu dans la plupart des autres régions, l'infériorité relative des terrains situés sur la craie n'a pas cessé d'exister. Ce n'est pas commettre *une erreur surannée* que de constater ce fait qui frappe tous les yeux.

La prétendue richesse de la vallée de la Vanne consiste en excès d'eau, ainsi que le prouve l'existence d'un projet de dessèchement. Ce produit surabondant pourra être emmené à Paris, pour servir à l'exécution des projets d'alimentation présentés par M. le Préfet de la Seine, mais il ne donnerait pas de trafic au chemin de fer.

On prétend que, substitué aux routes impériales n° 44 de Châlons à Cambrai, n° 77 de Nevers à Sedan et n° 60 de Nancy à Orléans, le tracé par Troyes et Châlons continue le courant *naturel* précédemment établi par ces routes. Nous admettons qu'un chemin de fer se substitue à *une* ancienne route pour desservir les mêmes intérêts. Cependant, ici l'analogie paraît un peu forcée. Voilà *trois* routes qui, tracées dans des directions différentes, n'allaient de Reims à Orléans que par ricochet. Si l'emprunt de certaines portions de ces trois routes formait précédemment le courant naturel de Reims à Orléans, quelle était donc la fonction de la voie directe dénommée route impériale n° 51, de Givet à Orléans, route qui passait par Reims? La proposition pourrait justifier l'ancien proverbe : *Tout chemin mène à Rome;* nous ne pensons pas qu'elle donne un appui bien sérieux au tracé par Troyes et Châlons.

La plupart des arguments que ce tracé est obligé d'employer pour sa défense, dénotent l'embarras de sa situation intermédiaire et mal définie, entre les projets par Epernay et ceux par Auxerre ou par Vitry. Enveloppé par ceux-ci, enveloppant ceux-là, il doit nécessairement succomber, s'il ne parvient à démontrer qu'il n'y a qu'erreur en deçà *comme* au delà du juste milieu qu'il occupe. Mais, pour faire cette démonstration laborieuse, il lui faut tour à tour frapper l'un des projets adverses avec des armes que l'autre projet retourne contre lui-même. Dans ces conditions, la lutte est assez difficile, et il n'est pas étonnant qu'une position si mal affermie ait fait naître des contradictions dans le genre de celles que nous avons plus d'une fois signalées.

Ainsi, pour repousser les prétentions de Vitry et d'Auxerre, il faut dire que le rayon autour de Paris est trop grand, que les points extrêmes de la ligne sont éloignés au lieu d'être rapprochés, ce qui supprime tout transit extérieur, enfin, qu'on se tient trop près des Chemins de fer de Blesme à Chaumont et de Nuits à Toul. Toutes ces objections sont très-justes, mais il n'y en a pas une qui ne puisse être appliquée à la direction par Sens, Troyes et Châlons, au profit des tracés vers Epernay.

Veut-on critiquer les lignes de Provins et de Nogent? Il faut leur reprocher de trop circonscrire l'approvisionnement de Paris, de diminuer l'utilité des relations transversales de rayon à rayon, de restreindre le nombre des localités qui doivent profiter du chemin de fer. Aussitôt, les tracés extérieurs par Auxerre et Vitry renvoient à leur tour ces reproches au projet intermédiaire.

Effectivement, chacun des tracés extrêmes a ses avantages propres, qui ne se rencontrent à aucun degré dans le tracé mixte : celui-ci n'a que des inconvénients.

Ce n'est, certes, ni la conviction, ni le dévouement, ni le mérite personnel des défenseurs de ce projet qui fait défaut ici, c'est la cause elle-même qui est mauvaise et qui, par cela seul, neutralise leurs efforts.

Cependant, parmi les motifs présentés pour faire admettre la direction par Troyes et Châlons, il en est un qui mérite le plus sérieux examen.

« Considérant, — dit l'Avis de la Commission d'enquête de l'Aube, — » qu'il serait d'une injustice extrême de déshériter la ville de Troyes du » moyen le plus puissant de venir en aide à son industrie, c'est-à-dire de créer » des communications plus nombreuses, plus directes et plus rapides, et de » réaliser ainsi une économie de transport, soit sur les matières premières, » soit sur les marchandises fabriquées, soit sur la houille qu'elle consomme » en abondance. »

Disons-le, on ne pouvait exprimer plus nettement, ni plus fortement toutes les considérations qui militent en faveur d'une ville manufacturière des plus importantes. Aussi, tiendrions-nous pour très-légitimes les prétentions de Troyes, s'il s'agissait d'un chemin vers Vitry et Strasbourg, attendu que cette ville se trouve située dans la direction que devrait suivre une telle communication. C'est ainsi, du reste, que l'a compris le Loiret. Mais la Commission de l'Aube reconnaît qu'il s'agit d'un chemin vers le Nord-Est, puisqu'elle veut, comme nous, le faire aboutir à Reims, elle reconnaît en outre qu'il doit avoir une extrême importance pour les intérêts généraux du pays. Comment ne s'est-elle pas aperçue qu'elle sacrifiait ces mêmes intérêts généraux, en demandant un tracé qui allonge de 42 à 44 kilomètres le parcours entre Orléans et Reims, c'est-à-dire, entre les ports de l'Océan et les réseaux Ardennais et Belge?

Nous ne voyons pas que la ville de Troyes soit fondée à se plaindre d'être déshéritée de voies de transport. Lorsque tant d'autres localités en sont encore entièrement dépourvues, elle possède :

La grande ligne de Paris à Bâle qui lui amène le coton et les houilles, et qui ouvre pour ses marchandises fabriquées des débouchés vers les ports de la Manche, le Nord et l'Angleterre, et vers l'Est, la Suisse et l'Allemagne du Sud;

L'embranchement de Blesme à Chalindrey et à Dijon qui établit ses communications vers le Nord-Est, vers le Midi, où sont les bassins houillers d'Epinac et de Saint-Etienne, vers l'Italie et la Méditerranée;

L'embranchement de Bar-sur-Seine qui, prolongé jusqu'à Châtillon où se trouve le chemin de Nuits à Toul, lui créera des relations rapides, d'un côté, avec Strasbourg, Metz et le Nord de l'Allemagne, et, de l'autre côté, avec les départements du Centre par le chemin d'Auxerre à Nevers.

Par le Chemin d'Orléans à la ligne de Strasbourg, quelle que soit sa direction, Troyes abrégera considérablement ses transports vers le Nord, vers

Reims et le Nord-Est d'où lui viennent les charbons belges , vers les ports de l'Océan et vers l'Espagne.

Enfin, dans un prochain avenir, la ligne de Nevers à Auxerre, prolongée vers Troyes et Châlons ou vers Troyes et Vitry, abrègera encore ses communications avec le Centre.

Une ville qui jouit déjà de la plus grande partie de ces voies de transport et qui touche au moment d'obtenir le surplus, ne nous paraît guère en droit de parler d'injustice. Troyes n'a besoin que d'un peu de patience , bientôt elle possédera toutes les ressources que peut désirer légitimement toute grande cité industrielle, pour réaliser une économie de transport sur ses approvisionnements et sur ses produits manufacturés.

La Commission de l'Aube dit « que les préoccupations intéressées des » diverses localités qui sollicitent une autre direction peuvent seules expliquer » comment elles ont demandé de mettre Troyes en dehors du chemin de » grande ceinture. »

Nous avons déjà fait ressortir les principales considérations d'intérêt général qui justifient les demandes , intéressées si l'on veut , des localités opposantes au tracé par Troyes. La Commission de l'Aube est-elle donc bien certaine de n'avoir pas obéi, elle-même, à des préoccupations intéressées? Il nous est difficile de le croire , après la lecture de son *Avis motivé* , dans lequel le projet soumis aux enquêtes est presque exclusivement apprécié sous le rapport des relations commerciales de Troyes avec l'Intérieur et avec l'Extérieur. Cette tendance exclusive est si fortement prononcée, le véritable but du chemin de fer disparaît à ce point que l'on pourrait croire qu'il s'agit, non pas d'un chemin d'Orléans à la ligne de Strasbourg, mais de deux projets conçus dans l'unique intérêt de Troyes, l'un de Troyes à Orléans et l'autre de Troyes à Reims.

La Commission nous paraît montrer trop d'indifférence pour l'intérêt agricole de contrées populeuses privées de chemin de fer, en le subordonnant à l'intérêt industriel spécial à la ville de Troyes. En matière d'utilité générale, les subsistances passent avant l'industrie, celle-ci tire du sol ses matières premières et participe, dans une large proportion, aux avantages que procure la diffusion des produits agricoles.

Troyes n'a donc pas de droits suffisants pour accaparer, à son profit, une voie de communication nouvelle que sa direction d'intérêt général porte vers d'autres points, et qui est appelée à développer sur son passage la prospérité de nombreuses populations.

Ainsi, les objections faites au projet par Troyes et Châlons n'ont nullement été détruites. Le trajet allongé de 42 à 44 kilomètres, entre Orléans et Reims, laisse subsister la nécessité du passage par Paris et, par conséquent, supprime tout transit du Sud-Ouest au Nord-Est; l'infertilité proverbiale et réelle des terrains que traverse le tracé rend le trafic local presque nul; enfin, l'industrie de Troyes qui fait venir toutes ses matières premières par la ligne de Paris à Mulhouse, et qui répartit ses produits manufacturés sur tous les chemins de fer environnants, ne pourrait contribuer elle-même que dans une faible mesure à grossir ce trafic local. La direction par Troyes et Châlons doit donc être rejetée.

D. — TRACÉ PAR MONTARGIS, FERRIÈRES, PROVINS ET EPERNAY.

En repoussant les reproches qui avaient été adressés à ce projet que demandent les Commissions d'enquête de Seine-et-Marne et de la Marne, nous avons fait ressortir la plupart des avantages par lesquels il se recommande.

De 44 à 84 kilomètres plus court, entre Orléans et Reims, que les tracés par Troyes et Vitry et par Troyes et Châlons, il coûte de 2 à 16 millions moins cher que ceux-ci. Par conséquent , il permet d'atteindre avec la moindre dépense le plus grand résultat utile, c'est-à-dire, de relier par la voie la plus rapide le réseau d'Orléans au réseau des Ardennes.

Dirigé à travers les riches campagnes de la Brie et les précieux vignobles de la rive gauche de la Marne, il ouvre des débouchés aux bois, céréales, bestiaux, laines et vins qui abondent dans ces contrées. En contact avec de nombreux centres de population, notamment avec Montargis, Chéroy, Pont-sur- Yonne, Bray, Provins, Esternay, Sézanne, Fère-Champenoise, Vertus, Avize et Epernay, il apporte les houilles belges à une grande quantité d'usines et favorise l'exportation de leurs produits industriels. Comme la plupart de ces localités sont actuellement sans chemin de fer, la Compagnie concessionnaire n'aurait à craindre aucune concurrence susceptible de diminuer les produits de l'exploitation.

Un autre avantage très-important de ce tracé consiste dans la facilité qu'il procure aux localités situées entre Provins et Fère-Champenoise, de gagner Paris par la voie la plus courte et d'apporter leur contingent de produits, pour l'approvisionnement de la capitale.

Le tracé par Provins se présente donc dans des conditions très-favorables.

Si , pour des raisons financières que nous ne sommes pas en mesure d'apprécier, mais qu'il nous est permis de prévoir, l'État reculait devant une dépense immédiate de 52 millions, il pourrait, comme l'a proposé la Commission d'enquête de Seine-et-Marne, utiliser provisoirement, entre Montargis et Provins, 100 kilomètres des lignes actuelles du Bourbonnais, de Lyon, de Montereau, de Mulhouse, et de Provins. En faisant construire par la Compagnie d'Orléans, suivant la convention du 11 avril 1857, les 70 kilomètres compris entre Orléans et Montargis, l'État n'aurait à dépenser que 20,600,000 francs, pour exécuter à ses frais les 90 kilomètres de Provins à Chouilly, point de jonction avec la ligne de Strasbourg, à 4 kilomètres avant Epernay.

Ainsi se trouverait établie, immédiatement et à peu de frais, la communication entre Orléans et Reims. Cette combinaison a cela de remarquable, que le trajet provisoire n'aurait que 6 kilomètres de plus que le tracé définitif, 264 kilomètres d'Orléans à Epernay et 294 d'Orléans à Reims.

E. — TRACÉ PAR MONTARGIS, SENS, NOGENT ET EPERNAY.

La Commission d'enquête de la Marne a donné un avis favorable à ce projet, comme à celui par Provins, sans préciser si le passage entre Sens et Sézanne aurait lieu par Provins ou par Nogent.

Dans le cours de cette *Note*, nous avons déjà fait remarquer la supériorité, sous différents rapports, du tracé par Nogent sur les tracés par Troyes et Vitry et par Troyes et Châlons.

Il coûte 54 millions, c'est 2 millions de plus que par Provins, la même dépense que par Vitry, mais 3 millions de moins que par Troyes et Châlons et 4 à 16 millions de moins que par Gien, Briare et Troyes.

Comme chemin de grand transit, c'est le plus court de tous ; il n'a, en passant par Sens, que 260 kilomètres d'Orléans à Epernay et 290 d'Orléans à Reims. Ces deux distances peuvent être ramenées respectivement à 255 et 285 kilomètres, si l'on substitue le passage par Ferrières au passage par Sens. Plus court que l'ancienne direction par Paris, il permet de réaliser le *désencombrement* des abords de cette capitale, en offrant au commerce une voie rapide pour transporter, au-delà d'Orléans, les produits de Reims, des Ardennes, de la Belgique et du nord de l'Allemagne, et, au-delà de Reims, les marchandises en provenance soit des départements du Centre et du Midi, soit des ports de l'Océan et de la Méditerranée.

Son trafic local, comme celui de la ligne par Provins, ne peut manquer d'être considérable, puisqu'il traverse des régions fertiles et peuplées. Nous n'indiquerons pas toutes les localités qu'il rencontre. Vers les deux extrémités de la ligne, ce sont les mêmes que suivant le tracé par Provins; dans la partie moyenne, si l'on perd Chéroy, Pont-sur-Yonne, Bray, Provins et Esternay, on trouve Courtenay, Sens, Nogent et Barbonne. Il y a donc identité, entre les deux directions, quant aux approvisionnements et aux exportations dont le chemin de fer serait alimenté.

Le tracé par Nogent n'offre pas à quelques localités situées entre la vallée de la Seine et la vallée de la Marne un trajet aussi court vers Paris, mais il rentre mieux, par sa forme et la longueur moyenne de son rayon, dans la théorie du chemin de grande ceinture.

Comme dans la direction par Provins, on peut, sans augmentation sensible de parcours, utiliser provisoirement les lignes existantes. La Compagnie d'Orléans étant mise en demeure d'éxécuter, sur 70 kilomètres de longueur, la section d'Orléans à Montargis qui lui a été éventuellement concédée en 1857, on emprunterait aux chemins du Bourbonnais, de Lyon, de Montereau et de Mulhouse 113 kilomètres compris entre Montargis et Pont-sur-Seine, et il ne resterait à la charge de l'État ou d'une nouvelle compagnie qu'une dépense de 18,245,000 francs, pour construire la section de 77 kilomètres de Pont-sur-Seine à Chouilly, point situé à 4 kilomètres en deçà d'Épernay.

Dans cette hypothèse, la longueur du trajet provisoire serait exactement, comme par Provins, de 264 kilomètres entre Orléans et Épernay et de 294 entre Orléans et Reims.

Ainsi, à tous les points de vue, le tracé par Nogent et Épernay atteint le but proposé pour l'établissement du Chemin de Fer d'Orléans à la ligne de Paris à Strasbourg.

IX.

RÉSUMÉ, CONCLUSIONS.

L'utilité première du projet doit être de relier, par une voie ferrée aussi courte que possible, les lignes de Bordeaux, du Centre et du Midi, au réseau des Ardennes. C'est un chemin de grand transit international à compléter dans la partie où il est en lacune, pour mettre en communication l'Océan et la Méditerranée avec la Belgique et le Nord de l'Allemagne.

Ainsi envisagés, les différents tracés tirent leurs mérites respectifs de la diminution de parcours plus ou moins grande qu'ils offrent au commerce. Nous indiquons ci-après leurs longueurs entre Orléans et Reims :

Tracé par Briare, Troyes et Vitry . . . . 377 kilom.

   — par Briare, Troyes et Châlons 367

   — par Briare, Troyes et Epernay 372

   — par Montargis, Sens, Troyes et Vitry. 342

   — par Montargis, Sens, Troyes et Châlons. 332

   — par Montargis, Sens, Troyes et Epernay 337

   — par Montargis, Ferrières, Provins et Epernay . . 288

   — par Montargis, Moret, Provins et Epernay. . . . 294

   — par Montargis, Sens, Nogent et Epernay. 290

   — par Montargis, Ferrières, Nogent et Epernay . . 285

   — par Montargis, Moret, Nogent et Epernay 294

En groupant ces chiffres, on rend les comparaisons plus faciles :

Tracés par Briare et Troyes. . . . . de 367 à 377 kilom.

   — par Montargis et Troyes. . . . . de 332 à 342

Tracés par Montargis, Provins et Epernay . . . de **288** à **294**

— par Montargis, Nogent et Epernay. . . . de **285** à **294**

Enfin, en simplifiant encore, on arrive aux résultats ci-après :

Tracés par Troyes . . . . de **332** à **377** kilom.

— par Provins ou Nogent . . . . de **285** à **294**

On voit que l'intérêt général repousse tous les tracés par Troyes, qui allongent le trajet de 38 à 92 kilomètres.

L'intérêt local les repousse également, puisque le plus court d'entre tous, celui qui aboutit à Châlons, traverse des campagnes désertes qui ne demanderaient et ne donneraient presque rien au chemin de fer.

Sauf l'un de ceux qui sont dirigés vers Vitry et l'Est, lequel coûte 54 millions, ces tracés s'élèvent de 57 à 68 millions : augmentation de dépense de 3 à 16 millions sur les lignes par Provins et par Nogent, qui ne coûtent que de 52 à 54 millions.

L'avantage est donc irrévocablement acquis, sous le triple rapport du transit général, du trafic local et des frais d'établissement aux directions par Provins et par Nogent.

Il n'est pas inutile, assurément, de rappeler que ces deux tracés sont les seuls qui, sans augmentation sensible du trajet entre Orléans et Reims, permettent d'utiliser provisoirement plus de 100 kilomètres des lignes actuelles, et, par suite, de réduire la dépense immédiate de 18 à 21 millions. Cette raison d'économie ne saurait manquer d'appeler l'attention sérieuse du Gouvernement.

Bien que nous fussions chargés de défendre spécialement l'intérêt de la Ville et du canton de Sézanne, nous nous sommes abstenus de faire intervenir cet intérêt, soit dans la discussion relative à chaque tracé, soit dans les conclusions tirées de nos observations générales. Cependant nous, manquerions à notre devoir et à la mission qui nous a été confiée, si nous poussions plus loin cette réserve.

Sous l'ancienne administration, la ville de Sézanne était chef-lieu d'Election et siége d'un Bailliage. Pendant la Révolution, elle fut érigée en chef-lieu de l'un des six districts formant le territoire du département de la Marne. Mais, en l'An VIII, elle fut réduite à l'état de chef-lieu de canton dépendant de l'arrondissement d'Epernay.

Pendant trente ans, elle ne cessa de solliciter le rétablissement du sixième arrondissement dont elle avait été le siége. Ses souvenirs historiques, le chiffre de sa population porté à 4,500 habitants, son importance agricole et industrielle, sa situation au milieu d'autres cantons relégués comme celui de Sézanne à l'extrémité de l'arrondissement, l'extrême difficulté de ses relations administratives et judiciaires avec Epernay, situé à 44 kilomètres de distance, étaient autant de titres invoqués par elle en faveur de sa légitime demande. Ses dernières démarches échouèrent en 1831.

L'établissement des chemins de fer qui a développé la prospérité de tant d'autres villes, n'a été pour celle-ci qu'une nouvelle cause d'isolement et de ruine. Avant l'ouverture des lignes de Strasbourg et de Mulhouse, un roulage considérable et le double passage de quatre diligences et d'une malle-poste, sur la route de Paris à Strasbourg, amenaient chaque jour à Sézanne une population flottante assez forte, et offraient aux habitants de nombreux moyens de transport pour les personnes et les marchandises. Aujourd'hui, cette ville, oubliée entre deux chemins de fer situés à 70 kilomètres l'un de l'autre et privée de la plupart de ses précédentes relations, en est réduite à regretter l'ancien état de choses.

Si la voie en projet d'Orléans à la ligne de Strasbourg passait par Sézanne, elle lui donnerait des relations faciles avec ses trois chefs-lieux administratifs et judiciaires, Epernay, Châlons et Reims, dont elle est éloignée de 44, 74 et 75 kilomètres, et favoriserait aussi l'approvisionnement de ses usines et l'exportation de ses produits industriels et agricoles.

Parmi les centres de population un peu importants qui se trouvent sur le passage des différents tracés, cette ville est la seule qui n'ait pas encore de voie ferrée à sa disposition. Ses arrivages et ses envois seraient donc acquis sans partage à la ligne établie sur son territoire.

La situation anormale de la ville de Sézanne est un fait de notoriété tellement frappant que, chaque année, M. le Préfet et le Conseil général de la Marne renouvellent énergiquement leurs vœux pour l'exécution d'un chemin de fer qui la ferait participer aux avantages que procurent les communications rapides. Toutes les Commissions d'enquête, sauf celle du Loiret, partagent tacitement ou explicitement ce vœu : l'Yonne n'y met pas d'obstacle puisqu'elle admet le passage par Epernay ; l'Aube s'y rallie éventuellement ; Seine-et-Marne l'exprime formellement ; la Commission de la Marne, elle-même, a voté en ce sens, bien qu'elle eût été vivement sollicitée de donner son appui au tracé par Troyes et Châlons. MM. les Ingénieurs, successivement chargés des études, ont tous porté leurs tracés vers ce point. Ainsi, toutes les variantes de la ligne par Provins passent à Sézanne, toutes celles du tracé par Nogent y passent aussi, enfin la direction par Sézanne et Epernay est rattachée, concurremment avec celles vers Vitry et Châlons, à tous les tracés passant à Troyes. La nécessité absolue de desservir Sézanne par un chemin de fer est donc universellement reconnue.

Nous sommes persuadés que notre voix sera entendue et que le Gouvernement ne voudra pas laisser plus longtemps dans un isolement funeste notre population industrieuse, si malheureusement dépossédée des légitimes avantages de son ancienne position.

Nous demandons, en conséquence, que le chemin de fer d'Orléans à la ligne de Paris à Strasbourg soit dirigé par Montargis, Sézanne et Epernay, laissant à l'administration le soin de statuer, tant sur le choix du passage par Provins ou par Nogent que sur l'emploi provisoire des lignes actuelles, depuis Montargis jusqu'à Provins ou à Pont-sur-Seine.

Sézanne, le 15 Février 1863,

Les membres de la Commission pour le canton de Sézanne :

MM. HUGUIER, Juge de paix, *président.*

THEUVENY, notaire honoraire, *vice-président.*

SONGIS-CANARD, conseiller municipal, *secrétaire.*

RANCILLIA, conseiller municipal, *rapporteur.*

MM. VERLET, Maire de Sézanne, GUILLOT, Maire de Vindey, AVIAT, banquier, JOLLY, pharmacien, JOLLY, propriétaire, BOULARD, DECOSTE, DE SAINT-AMAND, GAMICHON, HUGUIER-NARET, LEGROS-CARITTE et MASSON, membres du Conseil municipal.

APPENDICE.

Pendant l'impression de cette Note, nous avons pris connaissance d'un mémoire que vient de faire imprimer M. GŒRG, membre du Conseil général de la Marne et du Conseil municipal de Châlons.

Dans ce Mémoire, l'auteur met parfaitement en lumière les motifs de l'opposition qu'il a faite, comme conseiller municipal, à la direction par Troyes et Châlons, et propose un tracé par Montargis, Ferrières, Nogent, Sézanne, Fère-Champenoise et Châlons, qui raccourcirait le chemin de 20 kilomètres.

Sur plus d'un point, M. Gœrg partage notre manière de voir, quant aux inconvénients de la ligne par Troyes et Châlons, et il l'exprime presque dans les mêmes termes que nous. A ses yeux, le tracé dont il s'agit est un chemin *mixte*, un chemin *bâtard;* d'après nous, ce tracé constitue un système *mixte*, une création *hybride*.

Faut-il voir un effet du hasard dans cette coïncidence d'expressions chez deux personnes qui n'ont jamais eu l'occasion de se communiquer leurs idées? Nous croyons plûtot que cette conformité de langage doit être attribuée à l'impression naturelle qui, des deux côtés, résulte de l'examen consciencieux du projet par Troyes et Châlons.

Quoiqu'il en soit, nous savons gré à M. Gœrg d'avoir élevé la voix, dans le sein du Conseil municipal de Châlons, en faveur de nos contrées déshéritées. Il a compris, ainsi que plusieurs d'entre ses collègues auxquels nous adressons ici nos remercîments, que le chef-lieu d'un département ne saurait se renfermer dans un égoïste sentiment d'intérêt local, mais que par position et par un généreux esprit de solidarité, Châlons devait cher-cher à concilier avec ses propres intérêts ceux des contrées comprises dans sa circon-scription.

Ce fait constate une fois de plus la nécessité, l'urgence de rattacher Sézanne et les cantons environnants à leurs centres administratifs, par un chemin de fer.

TABLE.

Sézanne, Imprimerie et Librairie de A. LEMAITRE.

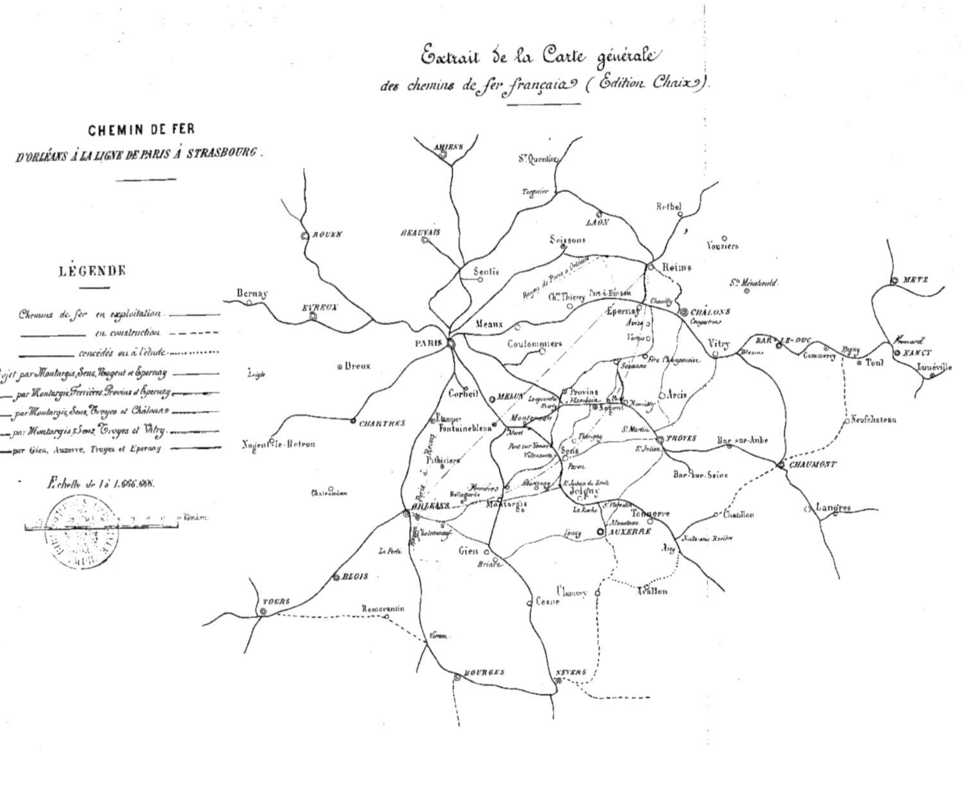

Extrait de la Carte générale
des chemins de fer français (Edition Chaix).

CHEMIN DE FER
D'ORLÉANS À LA LIGNE DE PARIS À STRASBOURG.

LÉGENDE

Chemins de fer en exploitation
en construction
concédés ou à l'étude
Projet par Montargis, Sens, Nogent et Epernay
par Montargis, Ferrières, Provins et Epernay
par Montargis, Sens, Troyes et Châlons
par Montargis, Sens, Troyes et Vitry
par Gien, Auxerre, Troyes et Epernay

Echelle de 1 à 1.666.666.

AMIENS
St Quentin
Tergnier
Rothel
ROUEN
BEAUVAIS
LAON
Soissons
Vouziers
METZ
Senlis
Reims
Ste Menehould
Bernay
EVREUX
Ch. Thierry Dormans Épernay
Châlons
Epernay
Chaville
CHÂLONS
Meaux
Avize
Vitry
BAR-LE-DUC
Commercy
Nancy
Toul
Lunéville
Coulommiers
Vertus
PARIS
Fère Champenoise
Sézanne
Arcis
Dreux
Corbeil
MELUN
Provins
Nogent
Nomilly
Neufchateau
Leigle
Aigre
Montereau
CHARTRES
Esbau
Fontainebleau
Théorique
St Martin
TROYES
Bar-sur-Aube
Nogent-le-Rotrou
Pithiviers
Pont sur Yonne
Villeneuve
Sens
Pavon
St Julien
CHAUMONT
Châteaudun
Ferrières
Bellegarde
Cheroy
St Aubin de Sault
Bar-sur-Seine
Langres
ORLÉANS
Montargis
Joigny
La Roche
Monéteau
Tonnerre
Chatillon
Châteauneuf
Ligny
AUXERRE
Nuits-sous-Ravière
La Ferté
Gien
Briare
Clamecy
Avallon
BLOIS
Cosne
Vallon
TOURS
Romorantin
Vierzon
BOURGES
NEVERS